AF362668

LES HORACES,

TRAGÉDIE-LYRIQUE,

EN TROIS ACTES,

MÊLÉE D'INTERMEDES.

Paroles du sieur GUILLARD.

Musique du sieur SALIERI.

Les Ballets du sieur GARDEL l'aîné, Maître des Ballets du ROI, en survivance.

LES HORACES,

TRAGÉDIE-LYRIQUE,

EN TROIS ACTES,

MÊLÉE D'INTERMEDES.

Représentée devant LEURS MAJESTÉS, *à Fontainebleau, le 2 Novembre 1786.*

DE L'IMPRIMERIE.

De P. R. C. BALLARD, feul Imprimeur pour la Mufique de la Chambre, Menus-Plaifirs & Grande Chapelle du RO & de Monfeigneur Comte & Madame Comteffe d'ARTOIS.

M. DCC. LXXXVI.

Par exprés Commandement de Sa Majefte

ACTEURS ET ACTRICES

CHANTANS DANS LES CHŒURS.

CÔTÉ DU ROI.		CÔTÉ DE LA REINE.	
Les D^{lles}.	*Les S^{rs}.*	*Les D^{lles}.*	*Les S^{rs}.*
Dubuiſſon.	Péré.	Taunat.	Larlat.
Garrus.	Martin.	Joſéphine.	Rey.
Rouxelin.	Legrand.	Desroſieres.	Lecoq.
Sanctus.	Pouſſet.	D'Hautrive.	Leroux c.
Charmoy.	Dupleſſier.	Launer.	Cleret.
Courneuve.	Cavalier.	Macker.	Tacuſſet.
Leclerc.	Jalaguier.	Aurore.	Lory.
Girardin.	Jouve.	David.	Leroux I.
Emilie.	Moulin.	Beaumont.	Fagnan.
	Delboy.		

PERSONNAGES DANSANS.

ACTE PREMIER.

GUERRIERS.

Le S^r. FABVRE.

Les Srs Simonet, Lebel, Abraham, Lebreton, Saulnier, Millon, Poiſſon, Stus.

SUITE DE CAMILLE.

La D^{le}. COULON.

Les D^{lles}. Bigotini, Puiſieux, Simon, Dancourt, Barré, Camille, Vanloo, Langlois.

VIEILLARDS.

Les S^{rs}. Guillet l., Ducel, Maſſelin, Pladis, Boyer, Bozon, Richard, Blanche.

ENFANTS.

Les D^{lles}. Nanine, Simon c., Laborie, Deniſe, Dorival, Auguſtine, Jacotot, Aimée.

ACTE SECOND.

ROMAINS ET DAMES ROMAINES.

Le S^r. GARDEL.　　La D^{lle}. SAULNIER.

Les S^{rs}. Simonet , Lebel, Abraham , Lebreton, Coindé , Joly.

Les D^{lles}. Bigotini , Puifieux , Simon , Dancourt. Efter , Prudhomme.

HABITANS DE LA CAMPAGNE.

Le S^r. VESTRIS,　La D^{lle}. GUIMARD.

Les S^{rs}. Delahaix, Clerget, Cafter, Barré, Coulon, Largilliere.

Les D^{lles}. Siville , Maffon , Leclerc , Lacofte. Bernard , Lacroix.

CHEF DU PARTI ROMAIN.

Le S^r. DESHAYS.

CHEF DU PARTI ALBIN.

Le S^r. RIVET.

ACTEURS.

LE VIÈIL HORACE,	Le S^r. Chéron.

LE VIÈIL HORACE,   Le S^r. Chéron.

LE JEUNE HORACE,   Le S^r. Lays.

CURIACE,   Le S^r. Lainez.

CAMILLE,   La D^{lle}. S^t. Huberti.

UNE SUIVANTE DE CAMILLE, La D^{lle}. Gavaudan c.

LE GRAND-PRÊTRE,   Le S^r. Adrien.

VALERE,   Le S^r. Chardiny.

UN ROMAIN,   Le S^r. Moreau.

UN ALBIN,   Le S^r. Châteaufort.

UN ORACLE,   Le S^r. Moreau.

LES HORACES,
TRAGÉDIE - LYRIQUE,
MÊLÉE D'INTERMÈDES.

ACTE PREMIER.

Le Théatre repréfente l'extérieur du Temple d'Égérie, au milieu de l'enceinte qui lui eft confacrée.

SCÈNE PREMIÈRE.

CAMILLE *fuivie de fes femmes.* JEUNES FILLES *qui portent des offrandes : elles reftent au fond du Théatre, Camille s'avance avec fes femmes.*

UNE DES FEMMES.

D'où naît le trouble qui vous preffe ?
Vous tremblez à l'afpect de ces auguftes lieux !
Un mot peut diffiper cette fombre trifteffe,
Ofez fur vos deftins interroger les Dieux.

A

CAMILLE.

J'ai déja prévu leur réponse,
Un noir pressentiment d'avance me l'annonce :
Un mot peut me donner la mort,
Hélas ! fuyons plutôt sans connoître mon sort,
Fuyons.

UNE DES FEMMES.

Non, demeurez.

CAMILLE.

Que faut-il que j'espère !

UNE DES FEMMES.

Qu'Albe ou Rome triomphe en ce moment fatal,
Votre père pourra…

CAMILLE.

Que tu le connois mal !
Ces noms si doux & de fille & de père
Dans son cœur tout romain sont des noms sans
pouvoir.
Et sur quoi fonder mon espoir ?
Pensez-vous que pour gendre il acceptât un homme
Qui seroit ou l'esclave ou le maître de Rome ?

UNE DES FEMMES.

Lui-même enfin, lui-même avoit formé ces nœuds.

CAMILLE.

Ah ! ce jour à la fois heureux & malheureux
Fit naître & détruisit ma plus chère espérance.
Mon père me donnoit à l'objet de mes vœux ,
Albe & Rome approuvoient cette illustre alliance,
        Soudain le sort jaloux ,
    De deux états détruit l'intelligence,
La guerre en un moment brise des nœuds si doux.
Un même jour me donne & m'ôte à ce que j'aime ,
Le malheur naît pour moi du sein du bonheur même.

    Pour Albe, hélas ! quels vœux me font permis ?
Je ne puis séparer sa cause de la nôtre :
Mon cœur , entre les deux , flotte encore indécis ,
Mes frères font pour l'une & mon amant pour l'autre ;
D'un & d'autre côté je ne vois que malheurs ;
    N'espérez pas que j'y survive.
    Ah ! je devrai , quoi qu'il arrive,
Mes larmes aux vaincus & ma haine aux vainqueurs.

*(Le fond du Théatre s'ouvre & laisse
voir la statue d'Egérie.)*

A 2

UNE DES FEMMES.

Déja le fanctuaire s'ouvre ,
D'Egérie à nos yeux l'image fe découvre :
Avancez.

CAMILLE.

Je frémis, vous, foutenez mes pas,
Allons, je vais chercher la vie ou le trépas.

(Les jeunes filles portant les offrandes , pré-
cedent & fuivent Camille fur une marche re-
ligieufe. Elles dépofent leurs dons au pied de
l'autel.)

Déeffe fecourable ,
Je t'invoque en tremblant ;
Du doute qui m'accable
Fais ceffer le tourment.
Faut-il que je renonce
A la plus tendre ardeur ?
Hélas ! tout mon bonheur
Dépend de ta réponfe.

ENSEMBLE AVEC LE CHŒUR.

CAMILLE.	LE CHŒUR.
Faut-il que je renonce	Faut-il qu'elle renonce
A la plus tendre ardeur?	A la plus tendre ardeur ?
Hélas! tout mon bonheur	Hélas! tout son bonheur,
Dépend de ta réponse.	Dépend de ta réponse.

L'ORACLE.

La guerre entre Albe & Rome aujourd'hui doit
    finir :
Ce jour à ton amant va pour jamais t'unir.

(La statue se recouvre.)

CAMILLE.

Ce jour à ton amant va pour jamais t'unir ;
    Pour jamais... mon cher Curiace !
Mais où m'emporte un espoir trop flatteur !
Quand de tous ses fléaux la guerre nous menace,
Malheureuse! est - ce à moi d'oser croire au bon-
    heur ?...
    Mais quoi ! l'oracle est la voix des Dieux même,
Je l'ai bien entendu, ce n'est point une erreur,
Quand le Ciel a parlé, le doute est un blasphême

Oui , mon bonheur eſt aſſuré
Je ne puis en douter ſans crime.
Mon cœur, de plaiſir enivré ,
Cède au doux eſpoir qui l'anime.
Oui , tous nos malheurs ſont paſſés ,
Reviens , ô mon cher Curiace ,
Reviens , & que ta main efface
Les pleurs cruels que j'ai verſés.

SCÈNE II.

*Le peuple en foule inonde les portiques du temple :
il doit être compoſé de femmes , d'enfans & de
vieillards.*

LE PEUPLE.

Secoure-nous , ô puiſſante Egérie ,
Protège de Numa le peuple infortuné.

CAMILLE.

Ciel ! & quoi ?

UN CORIPHÉE.

Du combat le ſignal eſt donné.

CAMILLE.

Je meurs !

UNE PARTIE DU PEUPLE.

Malheureuſe patrie !

TOUS.

Secoure-nous, ô puiſſante Egérie,
Protège de Numa le peuple infortuné.

CAMILLE.

Et voilà donc la foi que l'on doit aux oracles !
Pourquoi d'un faux bonheur m'annoncer les appas,
Dieux vains ! tremblante, hélas ! devant vos ta-
      bernacles,
J'aurois cru faire un crime en ne vous croyant pas.
Voilà donc le bonheur dont je m'étois flattée !
Hélas !

LE CHŒUR.

Déeſſe redoutée,
Dans ce moment peut-être on eſt aux mains
Veille ſur nous, combat pour les Romains.

SCÈNE III.

LE VIEIL HORACE, HORACE, CURIACE, *CHEVALIERS d'Albe & de Rome, les Précédents.*

LE VIEIL HORACE.

Peuples, diffipez vos alarmes,
Les Dieux nous ont donné la paix.

CAMILLE ET LE PEUPLE.

Ciel!

LE VIEIL HORACE.

Albe & Rome ont dépofé leurs armes.

CAMILLE *avec tranfport.*

Grands Dieux! Ah! pardonnez mes tranfports
    indifcrets!

CURIACE *à CAMILLE.*

Chere Camille, enfin je puis revoir vos charmes.

CAMILLE.

Ah! tu m'as coûté bien des larmes!

LE PEUPLE.

Quel miracle a produit ces étonnans effets?

LE VIEIL HORACE.

Un Dieu, qui parle aux cœurs. Déja les deux ar-
      mées
D'une égale fureur paroiſſoient animées ;
    On alloit en venir aux mains . . .
Entre les deux partis ſoudain Tulle s'avance :
On s'arrête, on l'entoure, on l'écoute en ſilence :
Albains, dit-il, & vous, écoutez-moi Romains ?

    Dieux ! quelles fureurs ſont les nôtres.
Je vois à notre aſpect la nature frémir !
Vos fils ſont nos neveux, nos filles ſont les vôtres,
Le ſang de mille nœuds a voulu nous unir.
D'un ſang ſi précieux pourquoi ſouiller la terre ?
Qu'entre vous, qu'entre nous trois guerriers ſoient
      choiſis !
Et que notre intérêt, entre leurs mains remis,
Faſſe un ſimple combat d'une effroyable guerre ?

LE PEUPLE.

   O roi, le modèle des rois !
Oui, les Dieux t'inſpiroient, ils parloient par ta
     voix !

LE VIEIL HORACE.

Vous euffiez vu foudain dans l'une & l'autre armée
La joie & la concorde enflammer tous les cœurs.
D'un égal intérêt l'une & l'autre animée
Ne fonge plus qu'au choix de fes trois défenfeurs.
        Romains, quelle gloire à prétendre !
Trop heureux les héros qui fauront nous défendre !

LE JEUNE HORACE.

Que je leur porte envie !

LE VIEIL HORACE.

                O noble & cher tranfport !
        Les Dieux veillent fur ma patrie,
Et dans des dignes mains ils remettront fon fort.
        (à Curiace.)
        Toi dont Albe fe glorifie,
Par tes hautes vertus digne d'être Romain
        Deviens mon fils en recevant fa main.

CAMILLE & CURIACE.

Mon père !

LE VIEIL HORACE à CAMILLE.

        Tu le peux, fans hafarder ma gloire
Soit que Rome triomphe ou qu'Albe ait la victoire.

Le vaincu du vainqueur reconnoîtra les loix,
    Sans honte, sans tributs serviles;
    Et nos états, unis par choix,
Ne feront qu'un empire & qu'un peuple en deux
    villes.

LE PEUPLE.

O du sort trop heureux retour ?

CAMILLE & CURIACE.

Que nous devons de graces à l'amour.

CAMILLE.

Curiace !

CURIACE.

Camille !

CAMILLE.

O mon père !

LE VIEIL HORACE.
               Ma fille ?

CURIACE & CAMILLE.

Que nous devons de graces à l'amour !

LE VIEIL HORACE.

O Ciel ! sur Rome & ma famille
Verse tes bienfaits en ce jour !

CURIACE & CAMILLE,

Du sein des plus rudes alarmes
Ainsi le bonheur naît pour nous.

LE VIEIL HORACE.

Il doit en paroître plus doux :
Le malheur lui prête des charmes.

LE PEUPLE.

O du sort trop heureux retour !

CAMILLE & CURIACE.

Que nous devons de graces à l'amour !

TOUS.

LE PEUPLE, CURIACE, & CAMILLE.	LE VIEIL HORACE, LE JEUNE HORACE.
O Ciel sur Horace & sa fille Verse tes bienfaits en ce jour.	O ciel sur Rome & ma famille Verse les bienfaits en ce jour.

DIVERTISSEMENT GÉNÉRAL.

Fin du premier acte.

PREMIER INTERMEDE.

LE Théatre repréfente le Temple de Jupiter-Capi-
tolin. On voit dans le fond, l'Autel & la Statue
de ce Dieu. Le Roi, les principaux Chefs de
l'Armée, & le Sénat Romain occupent le Sanc-
tuaire. Le peuple eft fur la partie extérieure.

Les Prêtres entrent fur une marche noble & impo-
fante.

LE GRAND-PRÊTRE.

LE Sénat, raffemblé fous ces voutes facrées,
Va choifir trois Héros pour être nos vengeurs :
  Puiffent nos voix, par les Dieux infpirées,
Nommer à cet état de dignes défenfeurs ?
Vous, Romains, à nos vœux uniffez vos prières ;
Le falut de l'Etat dépend de ce grand choix :
  Priez les Dieux ; protecteurs de nos loix,
    De verfer fur nous leurs lumières.

LE GRAND-PRÉTRE.

  Puiffant moteur de l'univers,
  O toi dont l'effence fuprême
  Affujettit le Deftin même,
  Que fur nous, tes yeux foient ouverts ?

LE PEUPLE.

Puiſſant moteur, &c.

LE GRAND PRÊTRE.

Foibles jouets des deſtinées,
Que pouvons - nous ſans ſon ſecours ?
C'eſt lui ſeul qui de nos années
Arrête & prolonge le cours.

LE PEUPLE.

Puiſſant moteur, &c.

LE GRAND-PRÊTRE.

Les jours triſtes, les jours ſereins,
La douce paix, l'affreuſe guerre,
Et la roſée & le tonnerre,
Tout, part de tes puiſſantes mains.

LE PEUPLE.

Puiſſant moteur, &c.

LE GRAND-PRÊTRE.

Hélas ! devant ton trône auguſte
Que ſont tous les foibles humains ?
Mais ta voix règle leurs deſtins,
Et c'eſt l'eſpérance du juſte.

LE PEUPLE.

Puissant moteur , &c.

Après l'Hymne , on brûle l'encens; on fait les
libations , &c. Les cérémonies finies avec la
pompe convenable , le Grand - Prêtre s'avance
du côté du peuple & chante l'air suivant.

O Rome ! ô ma patrie !
Choisis, on te présente ou le sceptre, ou des fers !
   Eveille ton puissant génie ,
Souviens-toi que les Dieux t'ont promis l'univers !
L'espoir de tes enfans sur leurs décrets se fonde ,
   Jupiter même a réglé ton destin :
   Tes ennemis t'attaqueront en vain ,
Rome doit être un jour la maîtresse du monde;

LE PEUPLE.

Ses ennemis l'attaqueront en vain ,
Rome doit être un jour la maîtresse du monde :

Le Grand-Prêtre revient à l'Autel , finit les sacri-
fices, puis se retournant du côté du sénat, il dit:

Roi, Pontifes, Sénat, réuniſſez-vous tous :
Que nos trois défenſeurs ſoient nommés ce jour
       même !
Sur le grand choix que Rome attend de vous,
Je vous promets des Dieux l'aſſiſtance ſuprême.

Le Roi, les Prêtres, les Chefs de l'armée, le Sé-
nat ſe retirent ſur une marche regulière & ſont
ſuppoſés aller dans la Salle du Capitole, deſtinée
aux aſſemblées du Sénat.

L E   P E U P L E.

O Dieux, défenſeurs de nos loix
Inſpirez le Sénat & parlez par ſa voix !

Fin de l'Intermède.

ACTE II

ACTE II.

Le Théatre repréfente un appartement du Palais d'Horace.

SCENE PREMIERE.

CAMILLE, CURIACE, Le jeune HORACE.

CAMILLE.

Ainsi le Ciel pour jamais nous raffemble !

LE JEUNE HORACE.

Sur le bonheur public le nôtre eft affermi.

CURIACE.

Que mon fort eft heureux ! Ce jour me rend en-
    femble
Et ma maîtreffe & mon ami.

HORACE.

Il unira d'une chaine éternelle
    Nos familles & nos états.

CURIACE.

Quel Dieu propice, après tant de débats,
'A pu former une union fi belle ?

B

HORACE.

Que ce Dieu bienfaisant en bénisse le cours!

CAMILLE.

Qui l'eût dit, que ce jour, marqué par tant d'a-
    larmes,
Seroit le plus beau de mes jours !

ENSEMBLE.

Douce paix, transports pleins de charmes,
Ah ! puissiez-vous durer toujours !

CHŒUR *derrière le Théatre.*

Vive à jamais le nom d'Horace.

HORACE.

Qu'entends-je?

SCÈNE II.

LE VIEIL HORACE, *Chevaliers Romains, les Précédens.*

LE VIEIL HORACE.

Viens, mon fils, que ton père t'embrasse.

CAMILLE.

Ah ! Rome l'a choisi pour notre défenseur !

CURIACE & LES ROMAINS.

Rome a rendu justice à sa haute valeur.

LE VIEIL HORACE.

Tes deux frères & toi partagent ce bonheur.

HORACE.

A ce suprême honneur eussions-nous pu prétendre ?

LES CHEVALIERS.

Les Dieux ont fait ce choix: seuls ils l'ont pu dicter.

LE VIEIL HORACE.

Moins nous devions l'attendre,
Plus il faudra le mériter.

HORACE.

Mon père ! ah ! je le jure à vous, à la patrie
Ou Rome sera libre, ou je ne serai plus.

LE VIEIL HORACE.

Mourant pour son pays, on meurt digne d'envie.

LES CHEVALIERS.
Nos vœux ne seront point déçus.

HORACE.

Dieux, protecteurs du Tibre !
Tranchez mes jours & fauvez mon pays !
Je reçois de ma vie un affez digne prix,
Si Rome par ma mort eft triomphante & libre.

LE VIEIL HORACE.

O de Rome heureux défenfeur,
Cours, vole où la gloire t'appelle !
Tes frères, pleins du même zèle,
T'attendent aux champs de l'honneur.

LES CHEVALIERS.

O de Rome heureux défenfeur,
Cours, vole où la gloire t'appelle !

LE VIEIL HORACE.

Quel Romain n'envieroit cet immortel honneur !
Tous brigueroient en foule une mort auffi belle.

LES CHEVALIERS.

O de Rome heureux défenfeur,
Cours, vole où la gloire t'appelle !

HORACE.

Amis, vous embrafez mon cœur !
Je vole où la gloire m'appelle …
Mais un foldat Albain s'avance ici vers nous.

SCÈNE III.

UN ENVOYÉ D'ALBE, *les Précédens.*

CURIACE *à* L'ALBAIN.

QUELS font les trois guerriers que le choix
d'Albe honore ?

L'ALBAIN.

Seigneur ! l'ignorez-vous encore ? . . .

CURIACE.

Achevez, qui ?

L'ALBAIN.

Vos deux frères & vous.

CAMILLE.

Curiace !

CURIACE & LES ROMAINS *à voix baſſe.*

Grands Dieux !

L'ALBAIN.

Vous craignez de répondre :
Blâmeriez-vous ce choix ?

CURIACE.

Il a dû me confondre,

B 3

Je m'eſtimois trop peu pour un ſi grand honneur.
Ah ! Camille !

L'ALBAIN.

Au Sénat que dirai je, ſeigneur?

CURIACE.

Que mon cœur, pénétré de cette grace inſigne,
N'oſoit pas y compter… mais qu'il s'en rendra
    digne.

SCÈNE IV.

LES MÊMES excepté l'Albain.

LES CHEVALIERS.

O déplorable choix ! triſte & funeſte honneur !

CURIACE.

O devoir rigoureux que l'honneur nous impoſe !

CAMILLE à HORACE & à CURIACE.

Ciel ! & quoi votre cœur
Ne ſe révolte pas à la loi qu'on propoſe !

LES CHEVALIERS.

O déplorable choix ! trifte & funefte honneur ?

CAMILLE.

Ah ! c’eft un crime affreux qui doit vous faire
horreur.

HORACE.

Appellez · vous forfait de fervir fa patrie ?

CAMILLE.

Appellez-vous vertu, cet attentat impie ?

LES CHEVALIERS.

O déplorable choix ! trifte & funefte honneur !

HORACE.

Je conçois tout notre malheur ;
Il peut nous étonner, mais non pas nous abattre.
Toi refte, Curiace, & confole ma fœur :
Je viendrai te rejoindre, & nous irons combattre.

LE VIEIL HORACE.

Vertu digne de Rome ! ô mon fils ! mon cher fils !
Voilà les fentimens que mon fang t’a tranfmis !

(*A Curiace & à Horace.*)
Oui , mes enfans , votre infortune est grande ,
Mon cœur, comme le vôtre , en a senti les coups :
 Mais l'effort est digne de vous ,
Et tout cède à l'honneur alors qu'il nous com-
  mande.
 Je plains Camille , & permets sa douleur;
  Son malheur, sans doute , est extrême :
C'est à toi, Curiace , à raffermir son cœur ;
Rends - la digne de nous & digne de toi - même.
(*Il fort* , *les Chevaliers & Horace le fuivent.*)

SCÈNE V.

CAMILLE, CURIACE.

CAMILLE.

IRAS-TU, Curiace !

CURIACE.

  Ah ! dans ce jour fatal,
Je n'ai plus que le choix du crime ;
 Pour moi le malheur est égal ,
Et partout, fous mes pas, le fort creuse un abîme.

Victime de l'amour, victime de l'honneur,
Il faut trahir Camille, ou trahir ma patrie.
L'un & l'autre est affreux, l'un & l'autre est impie....
Tout mon cœur se révolte, & j'en fremis d'hor-
        reur.
    Je sens ma vertu qui chancelle,
    Ne cherche point à m'attendrir ;
    C'est l'honneur même qui m'appelle,
    Camille, il lui faut obéir.

CAMILLE.

Non, je te connois mieux ; non, tu n'es point
        barbare.
L'amitié, la nature, & l'hymen & l'amour,
Appelleront ta raison qui s'égare :
Tu ne trahiras point tant de droits en un jour.

CURIACE.
Hélas !

CAMILLE.

    Et que prétends-tu faire ?
As-tu conçu l'horreur de cet ordre inhumain ?
    Tu viendras donc m'offrir ta main
    Fumante du sang de mon frère ?

CURIACE.

Ah ! laiffez-moi, Camille !

CAMILLE.

Eh ! quoi !
Ton nom confacré par la gloire,
N'eft-il donc pas fameux par plus d'une victoire?
Albe n'a-t-elle enfin d'autres guerriers que toi ?

CURIACE.

Ciel ! que propofes-tu ? tu veux que Curiace
D'un opprobre éternel fe fouille lâchement,
Qu'il déshonore & lui-même & fa race ?...
Ah ! tu l'efpère vainement.
La vertu rentre dans mon ame,
L'honneur doit furmonter l'amour :
Camille, il vaut mieux, en ce jour,
Mourir en te perdant, que de vivre en infâme.

CAMILLE.

Eh bien ! je ne te retiens plus :
Cours, acheter l'honneur au prix d'un parricide,
Cède à la fureur qui te guide,
Mais que du moins avant tous nos nœuds foient
rompus !
Frappe, ingrat !

CURIACE.

Je n'entends plus rien ;
Je vous fuis . . . .

CAMILLE *arrêtant Curiace & se jettant à ses pieds.*

A tes pieds tu veux donc que je meure ?

CURIACE.

Camille ! vous pleurez !

CAMILLE.

Hélas ! il le faut bien ;
Quand ta main m'assassine, il faut bien que je
    pleure !
(Curiace la relève ; il est attendri, elle continue :)

Par l'amour & par l'amitié,
Par ce nœud si doux qui nous lie !
Ne te montre pas sans pitié,
C'est Camille en pleurs, qui te prie.

CURIACE.

Hélas ! tu déchire mon cœur,
Camille, ta douleur m'accable :
Laisse ton amant déplorable
Mourir, victime de l'honneur.

CAMILLE.

O Ciel ! quoi, ma prière est vaine ;
Je n'ai plus sur toi de pouvoir !

CURIACE.

Tu sais qu'un barbare devoir
Commande à mon cœur & l'entraîne.

CAMILLE.

Tu ne te souviens plus que ton cœur est à moi ?

CURIACE.

J'étois à mon pays avant que d'être à toi.

ENSEMBLE.

CURIACE.	CAMILLE.
O sort cruel ! devoir barbare	Cœur insensible ! amant barbare !
Hélas ! faut-il vous obéir ?	Ainsi rien ne peut te fléchir !
Camille, il faut me fuir,	Cruel, peux-tu me fuir !
Le Ciel pour jamais nous sépare :	Je sens que ma raison s'égare ;
Oui, c'en est fait il faut partir.	C'en est fait ; je me sens mourir.

SCÈNE VI.

HORACE, CURIACE, CAMILLE.

HORACE.

NE tardons plus : viens, fuis-moi, Curiace !

CURIACE.

Marchons !

CAMILLE.

Non, demeurez ; je ne vous quitte pas.

HORACE.

Ma sœur, quelle est donc cette audace ?
Ah ! marchons.....

CAMILLE.

Non, cruels, je m'attache à vos pas.
Vous ne commettrez pas ce crime abominable.

CURIACE.

Horace ! ah ! retenez ces terribles éclats.

HORACE.

Cet excès d'insolence, ô Ciel ! est-il croyable.

CAMILLE.

Je veux intéresser Albe & Rome à mes cris.
Voyez quelle rage est la vôtre !
O Ciel ! deux frères, deux amis
Brûlent de se baigner dans le sang l'un de l'autre.

SCÈNE VII.

LE VIEIL HORACE, *les Précédens.*

HORACE.

Mon père !...

LE VIEIL HORACE.

Mes enfans, il est temps de partir.

HORACE.

Par ses vaines clameurs, ma sœur nous désespère.

CURIACE.

Seigneur, daignez la retenir.

LE VIEIL HORACE.

Allons, rentrez Camille.

CAMILLE.

Et vous aussi, mon père!
Quoi! sur vous la nature a si peu de pouvoir?

LE VIEIL HORACE.

La nature se taît où parle le devoir.

ENSEMBLE.

LE VIEIL HORACE.	CURIACE & HORACE.	CAMILLE.
Oui mes enfans partez sur l'heure. Allez remplir votre devoir Laissez Camille, & son vain désespoir.	Allons ami, partons sur l'heure Allons remplir notre devoir : HORACE. Laissons Camille, & son vain désespoir ; CURIACE. Allons éteindre un amour sans espoir.	Quoi c'est donc en vain que je pleure ! Quoi ? rien ne peut les émouvoir: On méprise mon désespoir.

CURIACE au vieil Horace.

Seigneur, en ce moment funeste,
Puis - je encor?...

LE VIEIL HORACE.

Je t'entends : ne viens point m'attendrir
Va: remplis ton devoir „, les Dieux feront le reste.

C A M I L L E.

Tigres, allez combattre, & moi je vais mourir.

LE VIEIL HORACE.

Ma fille, allons, rentrez & laiſſez - les partir, &c.

E N S E M B L E.

LE VIEIL HORACE.	HORACE & CURIACE.	CAMILLE.
Oui mes enfans , &c.	Allons, ami, partons , &c.	Quoi c'eſt donc, &c.

Fin du ſecond Acte.

SECOND

SECOND INTERMÈDE.

*Le Théatre repréfente une campagne des environs
de Rome où les armées de Rome & d'Albe font en
préfence. Les trois Horaces font auprès du roi de
Rome , & les trois Curiaces auprès du dictateur
d'Albe.*

*Un autel eft placé au milieu des deux armées. Il eft
cenfé fitué fur la ligne qui fépare les territoires
des deux différens états.*

*Un Grand - Sacrificateur , & plufieurs Prêtres
inférieurs entourent l'Autel.*

LE GRAND SACRIFICATEUR.

ROMAINS, Albains ! ce jour prévient votre
ruine.
Ce pays inculte & défert,
De vos longs différens a trop long-temps fouffert ;
Le Ciel à jamais les termine.
Six guerriers choifis parmi vous,
Vont décider du fort de l'un & l'autre empire :
Ce jour même la guerre expire ,
Et ce dernier combat nous réunira tous.
Jurez au nom des Dieux , par l'honneur & la gloire,
D'étouffer tout efprit de vengeance & d'aigreur :

C

Qu'Albe ou Rome en ce jour emporte la victoire;
Jurez tous d'obéir au parti du vainqueur.

LES CHEFS des deux armées.

Nous jurons tous aux Dieux, par l'honneur & la
  gloire
D'étouffer tout esprit de vengeance & d'aigreur.
Qu'Albe ou Rome en ce jour obtienne la victoire,
Nous jurons d'obéir au parti du vainqueur.

TOUS.

Nous jurons d'obéir au parti du vainqueur.

Après le serment, on donne le signal du combat
  dans les deux camps. Les six Champions sont
  conduits en présence. Dès qu'ils paroissent, les
  deux armées s'écrient en même temps :

  Ciel !

Le signal recommence.

LES DEUX ARMÉES.

O crime ! ô honte éternelle !
La guerre même étoit moins criminelle
Que cet horrible choix.

LES HORACES & LES CURIACES.

Allons, volons où l'honneur nous appelle.

LES DEUX ARMÉES.

De la terre & du Ciel c'est outrager les loix.

LES HORACES & LES CURIACES.

Allons, volons où l'honneur nous appelle.

LES DEUX ARMÉES.

Nous ne souffrirons pas ce combat plein d'horreur.

LES HORACES & LES CURIACES:

Avançons . . .

LES DEUX ARMÉES.

Arrêtez !

Une foule de soldats des deux Armées quittent ses rangs. Ils se précipitent malgré les efforts des chefs pour les retenir. Ils veulent séparer les Champions qui s'obstinent au combat.

Pendant cette Pantommime.

LES CHEFS DE L'ARMÉE.

Révolte punissable !

LES HORACES & LES CURIACES:

Laissez - nous.

LES CHEFS DE L'ARMÉE.

De vos chefs reconnoissez la voix.

LES DEUX ARMÉES.

Romains, {Qu'Albe
Albains, {Que Rome } fasse un autre choix !

C 2

LES HORACES & LES CURIACES.
Laiſſez - nous.

LES CHEFS DE L'ARMÉE.

De vos chefs reconnoiſſez la voix !

LES DEUX ARMÉES.

Nous ne ſouffrirons point ce meurtre abominable;
Oui, la guerre étoit moins coupable
Que cet horrible choix.

*La guerre eſt prête à s'allumer ; les deux rois s'ap=
prochent du Grand - Prêtre, ainſi que les principaux chefs de l'armée : ils délibèrent un moment ; & le grand Prêtre s'écrie :*

Héros d'Albe & de Rome, & vous chefs & ſoldats,
Ecoutez ! . . . & ceſſez d'inutiles débats.
Si le choix du Sénat vous bleſſe,
Allez tous conſulter vos Dieux :
Qu'il ſoit ou non déſaprouvé par eux,
Quel profane oſera condamner leur ſageſſe !

LES DEUX ARMÉES.

Oui, que les Dieux décident entre-nous !
Quoi qu'il puiſſe arriver, nous obéirons tous.

*On ſépare les ſix Champions. On les emmène &
l'intermède finit.*

ACTE III.

Le théatre repréſente la cour du Palais d'Horace.

SCÈNE PREMIERE.

CAMILLE *ſeule.*

Que je vous dois d'encens, ô mes Dieux tuté-
  laires !
  Unique appui des malheureux,
  Vous avez exaucé mes vœux,
Je retrouve par vous mon amant & mes frères,
  Sans eſpoir ſous les coups du ſort,
  J'étois reſtée anéantie.
  Vous m'avez fait trouver la vie
  Dans le ſein même de la mort.

SCÈNE II.

LE VIEIL HORACE, CHEVALIERS ROMAINS, CAMILLE.

CAMILLE.

MON père, ah ! prenez part à la publique joie,
Et souffrez qu'à vos yeux la mienne se déploie.

LE VIEIL HORACE.

Ma fille, devant vous je dois en convenir,
Je chéris Curiace & j'estime ses frères :
        Mon cœur n'a pu sans déplaisir
Voir combatre aujourd'hui des personnes si
        chères ;
Mais Rome commandoit, il falloit obéir.

CAMILLE.

Ah ! que son choix m'a fait souffrir !

LE VIEIL HORACE.

Le Ciel va prononcer sur la cause commune,
Il peut ou réprouver ou confirmer ce choix.

CAMILLE.

Ah ! loin de moi cette idée importune :
Non, les Dieux ne sauront dicter d'injustes loix.
Ils inspiroient le peuple, ils parloient par sa voix.

SCÈNE III.

UN ROMAIN, *les Précédens.*

LE ROMAIN.

Vos trois fils sont aux mains, seigneur, & les
  Dieux mêmes
D'Albe & de Rome ont confirmé le choix.

CAMILLE.

Qu'entends-je !

LE VIEIL HORACE.

Adorons leurs loix.
Soumettons - nous, Romains, à leurs décrêts su-
  prêmes.

LES ROMAINS.

Pour ces illustres défenseurs
Adressons aux Dieux nos prieres.

CAMILLE *à part.*

Comment leur dérober mes pleurs !

LE VIEIL HORACE.

Grands Dieux ramenez-les vainqueurs.
C 4

LES ROMAINS.

Exaucez-nous Dieux tutélaires !

CAMILLE *à part.*

Ciel ! confonds leurs vœux fanguinaires !

LE VIEIL HORACE à *CAMILLE.*

Je vois tes pleurs prêts à couler ;
Quand les Dieux ont parlé toute plainte eft coupable.

CAMILLE.

Les Dieux n'ont point dicté cet ordre abominable
Vos prêtres les ont fait parler.

LE VIEIL HORACE.

Malheureufe ! qu'ofe-tu dire ?

CAMILLE.

Hélas ! mon ame fe déchire ;
La frayeur trouble ma raifon.

LE VIEIL HORACE.

Songe à l'honneur de ma maifon.

LES ROMAINS.

Songez que vous êtes Romaine.

CAMILLE.

Hélas ! pour mériter ce nom
Faut-il donc ceffer d'être humaine ?

LE VIEIL HORACE.

Cache-moi ces indignes pleurs ;
Sois Romaine, imite tes frères.

LES ROMAINS.

Pour ces illuftres défenfeurs
Adreffons aux Dieux nos prières.

CAMILLE.

Eh ! comment retenir mes pleurs ?

LE VIEIL HORACE.

Grands Dieux ! ramenez-les vainqueurs !

ENSEMBLE avec les Chevaliers.

Exaucez-nous Dieux tutélaires !

CAMILLE *à part.*

Ciel confonds leurs vœux fanguinaires !

FEMMES *derrière le Théatre.*

O fort cruel ! deftins contraires !

LE VIEIL HORACE.

D'où viennent ces triftes clameurs ?

ENSEMBLE.

Veillez fur nous, Dieux tutélaires !

SCÈNE IV.

PLUSIEURS FEMMES *entrant effrayées fur la fcène,*
les Précédens.

LES FEMMES.

O fort cruel ! deftins contraires !

LE VIEIL HORACE & LES ROMAINS.

Ciel ! que préfagent ces douleurs ?

LES FEMMES.

Albe triomphe & Rome eft affervie.

TOUS.

O funefte combat ! malheureufe patrie ?

LE VIEIL HORACE.

Mes fils ne font donc plus?

UNE FEMME.

Un feul vous refte, hélas !
Ses frères, à nos yeux, ont reçu le trépas.

LE VIEIL HORACE.

Quoi? lorfqu'Albe triomphe un de mes fils refpire !
On vous a fait un faux rapport,
Si Rome a fuccombé, mon dernier fils eft mort.

UNE FEMME.

Ainfi que moi, tous pourront vous le dire,
Long-temps, avec courage, il avoit combattu ;
Mais refté feul contre trois adverfaires,
Et n'efpérant plus rien de fa haute vertu,
Sa fuite l'a fauvé du deftin de fes frères.

LE VIEIL HORACE.

O crime ; dont la honte en rejaillit fur nous !
O fils lâche & perfide ; opprobre de ma vie !

CAMILLE.

Mes frères!

LE VIEIL HORACE.

Arrêtez, ne les pleurez pas tous.
Deux jouissent d'un sort trop digne qu'on l'envie.
Que des plus nobles fleurs leurs tombeaux soient
    couverts!
Que Rome leur consacre un éternel hommage!
Que leur noms, révérés en cent climats divers,
A nos neveux surpris soient cités d'âge en âge!
Mais leur indigne frère, après sa lâcheté,
Qu'il traîne, avec mépris, sa honte & sa misère!
Qu'il soit partout errant, & partout rebuté,
Maudit du monde entier comme il l'est de son père!

CAMILLE.

Daignez prend e pour lui de plus doux sentimens
Voulez-vous rendre, hélas! notre sort plus funeste?

UN ROMAIN.

Craignez de vous livrer à vos ressentimens
C'est votre fils enfin, c'est le seul qui vous reste.

LE VIEIL HORACE.

Mon fils! jamais il ne le fut.
S'il eût été mon sang il l'eût mieux fait connoître.

UN ROMAIN.

A tort, vous l'accusez peut-être
» Que vouliez-vous qu'il fît contre trois ?

LE VIEIL HORACE.

                            Qu'il mourût.
Vous cherchez vainement à pallier son crime :
J'en atteste les Dieux & l'honneur qui m'anime ;
» Avant la fin du jour , ces mains, ces propres
          mains ;
» Laveront dans son sang la honte des Romains.

CHŒUR *derrière le théâtre.*

Du vainqueur, célébrons la gloire ;
Portons son nom jusques aux Cieux.

ENSEMBLE.

LE VIEIL HORACE.	LES ROMAINS.
De quel cris d'allégresse ont retenti ces lieux ?	L'air retentit des chants de la victoire !

SCENE IV.

VALERE, *Suite, les Précédens.*

VALERE *AU VIEIL HORACE.*

TANDIS qu'un fils victorieux
D'un triomphe si beau va rendre grace aux Dieux,
Souffrez qu'au nom du Roi, qu'au nom de Rome
    entière.

LE VIEIL HORACE.

Que prétendez-vous dire? Expliquez-vous, Valère.
Quoi ! lorsqu'Albe à ses loix vous soumet aujour-
    d'hui,
Quand mon fils !..

VALERE.

    De l'état c'est le Dieu tutélaire!
Il nous a sauvé tous, nous triomphons par lui.

LE VIEIL HORACE.

Eh, quoi ? sa fuite ?...

VALERE.

    A fait notre victoire.
Ignorez - vous encore la moitié du combat.

Camille *à part.*

Je tremble.

Valere.

Apprenez donc le bonheur de l'état ;
Et d'un fils immortel le courage & la gloire.

Resté seul, n'osant plus compter sur sa valeur,
Il feint de fuir ; les Curiaces
Le poursuivent avec fureur,
Mais d'un pas inégal chacun d'eux suit ses traces :
Il les voit divisés, se retourne, & d'abord
Sous ses coups votre gendre expire.

(*Camille jette un cri & s'évanouit. Ses femmes l'emmènent.*)

Camille.

Ciel !

Valere.

Le second éprouve un même sort,
Et la mort du troisième assure notre empire.

Le vieil Horace.

O noble appui de ton pays !
Gloire éternelle de ta race !
O mon fils, ô mon cher Horace !
Pardons, que ma tendresse efface

La honte du foupçon qui trompa nos efprits !
  Les honneurs que Rome t'apprête
De ta haute valeur feront le digne prix :
  Nous allons couronner ta tête
Des lauriers immortels que ta main a conquis.

LES ROMAINS *reprennent.*

Nous allons couronner fa tête
Des lauriers immortels , &c.

SCENE VI.

HORACE, PEUPLE, *les Précédens,*

HORACE *eft porté en triomphe.*

CHŒUR DU PEUPLE.

DU vainqueur célébrons la gloire ,
Portons fon nom jufques aux Cieux.

LE VIEIL HORACE.
Mon cher fils !

HORACE.

  Heureufe victoire !
J'en reçois dans vos bras un prix bien glorieux.

LE

LE CHŒUR.

Du vainqueur célébrons la gloire,
Portons son nom jusques aux Cieux.

HORACE *à son pere.*

Peu content des honneurs dont sa bonté m'accable
    Le roi, chez vous, veut lui-même venir ;
    Et peut - être aujourd'hui . . .

LE VIEIL HORACE.

        Je cours le prévenir :
Jamais à ses sujets un roi n'est redevable ;
Et l'on est trop payé d'avoir pu le servir.

(Le vieil Horace sort.   On danse.)

DIVERTISSEMENT.

CHŒUR.

Les Dieux, de l'univers, nous ont promis l'empire,
    Le bras d'Horace accomplit leurs décrets !
Sa gloire est leur ouvrage ; ils ont daigné l'élire :
    Nous devons tout à ses succès.

(On danse.)

D

SCENE VII.

CAMILLE, *les Précédens.*

(Elle entre avec beaucoup de fureur.)

Oὑ suis-je ? & quel transport coupable !
Quoi ? Rome au fratricide élève des autels !

(La fête s'interrompt : les personnages qui la composent s'écartent avec surprise.)

UNE PARTIE DU CHŒUR.

C'est Camille !

UNE AUTRE *cherchant à l'éloigner.*

Arrêtez !

CAMILLE *les repoussant.*

Cruels !
Laissez-moi contempler cette fête exécrable.

HORACE.

Qu'on l'éloigne, Romains !

CAMILLE *les repoussant avec plus de force, & s'approchant du char de triomphe.*

Perfides laissez - moi.

HORACE.

» O, d'une indigne sœur, insuportable audace !

CAMILLE *appercevant les dépouilles de Curiace, qui*
ornent le char de triomphe.

Ciel ! qu'est-ce que je voi ?

(*Elle les arrache & les embrasse avec transports.*)

O dépouille sacrée ! ô mon cher Curiace !
Voilà donc aujourd'hui ce qui reste de toi !

(*Elle pleure sur les dépouilles.*)

HORACE.

O honte de mon sang ! ô coupable insolence ?

(*A Camille.*)

Bannis d'un lâche amour le honteux souvenir,
Et sois digne de ta naissance.

CAMILLE *toujours pleurant.*

Hélas !

HORACE.

Ne nous fais plus rougir ;
Et préfère du moins à l'amour d'un seul homme
La gloire de ton sang & l'intérêt de Rome.

CAMILLE.

Rome ! Je la déteste, ainsi que ta valeur ;
Plus tu blâmes mes pleurs, plus j'y trouve de
     charmes !
Rome élève un trophée au succès de tes armes,
Plus elle t'applaudit, plus tu me fais horreur.

    Puissent les Dieux, lançant sur vous la foudre,
Et sur elle & sur toi, me venger aujourd'hui !
    Puissé-je voir réduire en poudre
Ces féroces Romains dont ton bras fut l'appui !
Qu'à vos justes tourmens l'univers applaudisse !
Qu'on oublie à jamais Rome & son défenseur !
Qu'enfin de tant de maux seule je sois l'auteur
Pour accroître à la fois ma joie & ton supplice !

HORACE *mettant l'epée à la main & s'avançant pour frapper Camille.*

    C'est trop souffrir un mortel déshonneur
Et tout ton sang . . .

CAMILLE *saisissant un poignard.*

    Ose frapper ta sœur :

C'eſt un exploit digne de ton grand cœur.

(*Elle ſe frappe.*)

Je te l'épargne.

LES ROMAINS.

Ciel !

HORACE.

Elle s'eſt fait juſtice . . .
Pourquoi faut - il, hélas ! que mon cœur en gé-
miſſe ?

LES ROMAINS.

Détournez vos regards de ce ſpectacle affreux . . .

(*On l'emmène.*)

HORACE.

Rome eſt libre, il ſuffit, rendons graces aux Dieux.

* *Vers de Voltaire dans la Tragedie de Brutus.*

F I N.